Cognates Cognados

Dr. Cynthia Aquino
Bilingual Life & Learning

Copyright © 2020 by Dr. Cynthia Aquino
All rights reserved.
For information contact: bilinguallifelearning@gmail.com
ISBN: 978-1-7353719-0-0
Printed in the United States of America
July 2020

Cognates are words in different languages that look the same and have the same meaning. Lets' see how many of these cognates you already know!

Los cognados son palabras en diferentes idiomas que lucen igual y que tienen el mismo significado. ¡Vamos a ver cuántos cognados ya conoces!

Accident
The car had an accident.

Accidente
El automóvil tuvo un accidente.

Balcony
My house has a balcony.

Balcón
Mi casa tiene un balcón.

Camel
The camel walks in the desert.

Camello
El camello camina en el desierto.

Dinosaur
The dinosaur disappeared from the planet.

Dinosaurio
El dinosaurio desapareció del planeta.

Elephant
The elephant has a long trunk.

Elefante
El elefante tiene una trompa larga.

Family
I have a big family.

Familia
Tengo una familia grande.

Galaxy
The galaxy has millions of stars.

Galaxia
La galaxia tiene millones de estrellas.

Hamburger
My hamburger has cheese and tomato.

Hamburguesa
Mi hamburguesa tiene queso y tomate.

Illustrations
My book has illustrations.

Ilustraciones
Mi libro tiene ilustraciones.

Jungle
The jungle has monkeys in the trees.

Jungla
La jungla tiene monos en los árboles.

Kangaroo
The kangaroo lives in Australia.

Canguro
El canguro vive en Australia.

Leader
I am the line leader in my class.

Líder
Soy el líder de la línea en mi clase.

Mechanic
My dad works as a mechanic.

Mecánico
Mi papá trabaja de mecánico.

Nocturnal
The racoon is a nocturnal animal.

Nocturno
El mapache es un animal nocturno.

Object
My backpack is full of objects.

Objeto
Mi mochila está llena de objetos.

Palace
The queen lives in a big palace.

Palacio
La reina vive en un palacio grande.

Quantity
My mom bought a big quantity of chocolate.

Cantidad
Mi mamá compró una gran cantidad de chocolate.

Radiant
The sun is radiant this morning.

Radiante
El sol está radiante esta mañana.

Salt
The food has too much salt.

Sal
La comida tiene mucha sal.

Technology
My classroom has computer technology.

Tecnología
Mi salón tiene tecnología de computadora.

Uniform
The police officer wears a uniform.

Uniforme
El policía usa uniforme.

Vegetables
Vegetables are not my favorite food.

Vegetales
Los vegetales no son mi comida favorita.

Washington
Washington was the first president.

Washington
Washingon fue el primer presidente.

Xylophone
There is a xylophone in my school.

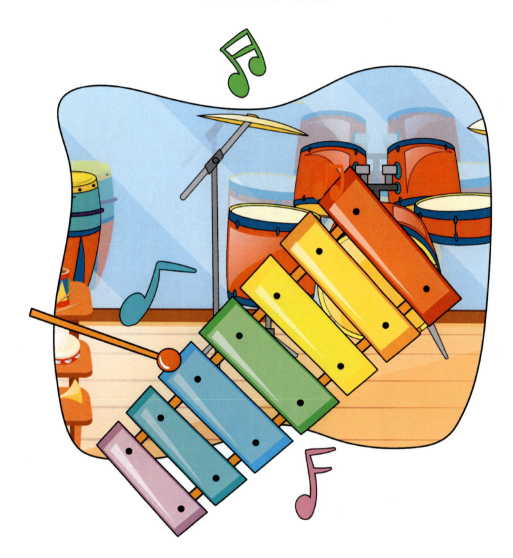

Xilófono
Mi escuela tiene un xilófono.

Yoga
Yoga is a good exercise.

Yoga
La yoga es un buen ejercicio.

Zebra
The zebra has black and white stripes.

Cebra
La cebra tiene rayas blancas y negras.

Can you think of any other cognates?

¿Puedes pensar en otros cognados?

About the author:

Dr. Cynthia Aquino is an educator and author who focuses on developing vocabulary for early readers. She is an advocate for English language learners and bilingualism.

She graduated with a Master in Bilingual Education from Texas A&M and a Doctorate in Educational Leadership from Tarleton State University. She served as a teacher, bilingual specialist and instructional coach, and dual language campus administrator. She was born in Argentina and immigrated to the United States in 1995.

La autora:

La Dra. Cynthia Aquino es una autora y educadora que se enfoca en el desarrollo del vocabulario de los lectores a temprana edad. Ella es partidaria del bilingüismo y los estudiantes de inglés como segundo idioma.

Se graduó con una maestría en Educación Bilingüe de la Universidad de Texas A&M y obtuvo su doctorado en Liderazgo en Educación de la Universidad Estatal Tarleton. Ha trabajado como maestra, especialista bilingüe e instructora didáctica, y como administradora de escuela supervisando el programa de lenguaje dual. Nació en Argentina e inmigró a Estados Unidos en 1995.

Made in the USA
Las Vegas, NV
24 August 2024

94318864R00021